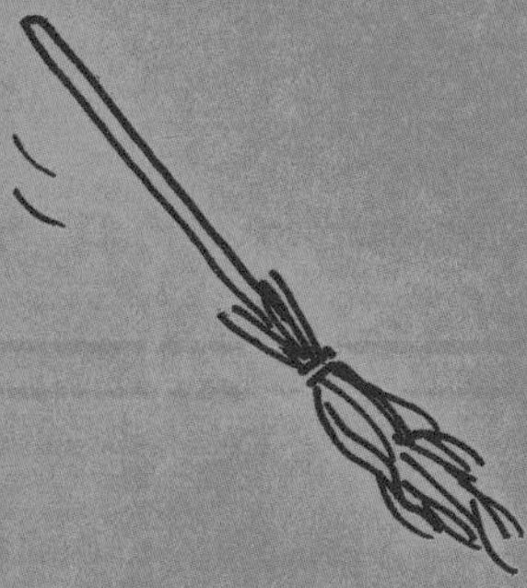

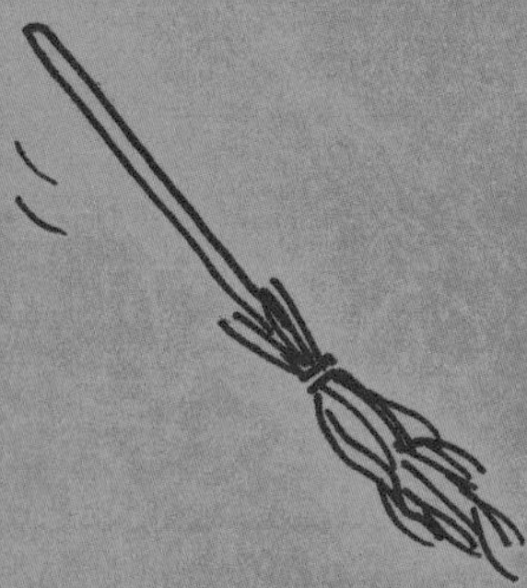

Langenscheidt

Spuk im Hexenhaus

Neue englische Abenteuer mit Huckla und Witchy

Von Claudia Guderian (Text)
und Irmtraud Guhe (Zeichnungen)

Langenscheidt

Berlin · München · Wien · Zürich · New York

Muttersprachliche Durchsicht: Wendy Pirie

Umwelthinweis: Gedruckt auf chlorfrei gebleichtem Papier
Titelgestaltung: Independent Medien-Design unter Verwendung von Zeichnungen von Irmtraud Guhe

Druck: J. P. Himmer, Augsburg
Printed in Germany
ISBN 3-468-20372-1
www.langenscheidt.de
www.hexe-huckla.de

2. 3. 4. 5. 06 05 04 03

Liebe Eltern, Großeltern, Lehrerinnen und Lehrer, ...

kennen Sie die kleinen Hexen Huckla und Witchy schon? In „Englisch – keine Hexerei“ haben wir die Geschichte von der deutschen Hexe Huckla erzählt, die durch einen Wirbelsturm nach England verschlagen wurde. Dort lernte sie die englische Hexe Witchy kennen. Mit ihr hat sie so allerlei erlebt – und natürlich hat sie mit ihr auch viele englische Wörter gelernt. „Spuk im Hexenhaus“ erzählt nun von Hucklas zweitem Besuch bei Witchy. Wieder gibt es allerhand zu erleben – und wieder gilt es, viele neue Wörter, aber auch Sätze und Satzstrukturen zu erlernen.

„Spuk im Hexenhaus“ ist als Hörspiel konzipiert: Auf der CD lernt Ihr Kind schon beim Zuhören mit. Beim Hören kann es sich zusätzlich die Bilder im Buch ansehen. Auf den Bildern gibt es allerhand zu entdecken. Wenn Sie das Buch gemeinsam ansehen, ermutigen Sie Ihr Kind, das Bild zu beschreiben, einzelne Gegenstände zu suchen, die Episode weiterzuspinnen ... Je mehr das Kind sich auch auf Deutsch mit der Geschichte beschäftigt, desto leichter bleiben die englischen Wörter hängen, und bei der Beschreibung des Bildes wird Ihr Kind sie vielleicht schon verwenden.

Auch wenn Ihr Kind beginnt, englische Wörter in deutsche Sätze einzuflechten, sollten Sie es dabei unterstützen: Es ist durchaus in der Lage, Deutsch und Englisch voneinander zu unterscheiden – es probiert nur seine neu erworbenen Sprachkenntnisse aus und spielt mit der englischen Sprache.

Wir haben alle neuen Wörter und Sätze neben den Bildern im Buch abgedruckt – für größere Kinder oder für Erwachsene, die sich mit den Kindern die CD anhören. Die Wörter sind immer in der Reihenfolge und in der Form abgedruckt, in der sie auch im Text vorkommen. Die einzelnen Abenteuer der Geschichte bauen aufeinander auf. Das heißt, dass die Wörter jedes Abenteuers für die folgenden Abenteuer als bekannt vorausgesetzt werden. Wenn Ihr Kind oder Sie einmal ein wichtiges Wort vergessen haben, können Sie im Register am Ende des Buches problemlos die Übersetzung finden. Damit sich die Hexenfans, die Huckla und Witchy schon aus „Englisch – keine Hexerei“ kennen, nicht langweilen, haben wir auch die Wörter aus dem ersten Band als bekannt vorausgesetzt. Selbstverständlich finden alle neuen Hexenfreunde die Wörter aus „Englisch – keine Hexerei“ ebenfalls im Register.

Wenn Ihr Kind ein bestimmtes Abenteuer noch einmal hören möchte, kann es auf S. 31 nachschlagen. Dort haben wir aufgelistet, welches Abenteuer unter welchem CD-Index zu finden ist.

Und nun viel Spaß mit Huckla und Witchy

Autorin und Verlag

Wie heißt …
Wie heißt was?
Was möchtest du zum Abendessen?
What would you like for dinner?
Rosa Pommes?
Chips … pink chips.
I'm tired.
Kann ich euch beiden noch was zu essen zaubern? Ich glaube, ich krieg nichts mehr runter.
Da hat wohl jemand heute Nachmittag zu viel Süßes gegessen? Lutscher?
Och, so … 38?
Thirty-eight lollipops?
Habt ihr denn noch Hunger!
I would like some fish muffins.
Ah – das war ja so was von lecker!
Wo ist denn mein Hexenbesen?

Eine Hexmail für Huckla

① What would you like … – Was möchtest du …

② for dinner – zum Abendessen

③ chips – Pommes

④ pink – rosa

⑤ I'm tired. – Ich bin müde.

⑥ thirty-eight lollipops – 38 Lutscher

⑦ I would like … – Ich möchte gern …

All right. – In Ordnung.

⑧ some – ein paar

really – wirklich

⑨ You have a new hexmail. – Du hast eine neue Hexmail.

⑩ dear – liebe

⑪ I've got a problem. – Ich habe ein Problem.

⑫ there's – es gibt

⑬ a spook – ein Spuk

⑭ in my house – in meinem Haus

⑮ Things are disappearing. – Sachen verschwinden.

⑯ there are noises – es gibt Geräusche

⑰ in the attic – auf dem Dachboden

⑱ I'm scared. – Ich habe Angst.

⑲ Help me. – Hilf mir.

⑳ I'm coming – Ich komme

㉑ by night-broom – mit dem Nachtbesen

㉒ See you in the morning. – Bis morgen früh.

3
What's that noise?
23
I don't know.
9
Is that you?
Can I help you?
15
5
Who are you?
Who's there?
6
7
8
Good to see you.
18
Help!
25
19
I can't get out.
20
Where are you?
10
Pardon?
24
11
HERE!

Unsanfte Landung

(1) Good morning. – Guten Morgen!

(2) I'm back. – Ich bin wieder da.

(3) What's that noise? –
Was ist das für ein Lärm?

(4) It's me. – Ich bin's!

(5) Who are you? – Wer bist du?

(6) who – wer

(7) 's, is – ist

(8) there – da

(9) Is that you? – Bist du das?

(10) Where are you? – Wo bist du?

(11) here – hier

(12) so – also

(13) that was – das war

(14) the loud bump – das laute „Bumm"

(15) Can I help you? –
Kann ich dir helfen?

(16) I can – ich kann

(17) see – sehen

(18) Good to see you. –
Schön, dich zu sehen!

(19) I can't – ich kann nicht

(20) get out – rauskommen

Let me see. – Lass mal sehen.

(21) there are – da sind

(22) there is – da ist

(23) I don't know. – Ich weiß nicht.

(24) Pardon? – Wie bitte?

(25) Help! – Hilfe!

(26) You're so dirty. –
Du bist so schmutzig!

Would you like a drink now?
There you are.
What have you got?
What kind of ...?
TOFU
Toast is fine.
Won't be a minute.
1
2
3
4
5
6
8
10
11
12
13
14
15
16
17

Unheimliche Geräusche

① Would you like …? – Möchtest du …?

② now – jetzt

③ What have you got? – Was hast du?

④ a glass of apple juice – ein Glas Apfelsaft

⑤ There you are. – Bitte sehr!

That's all right. – Gern geschehen.

⑥ something to eat – etwas zu essen

⑦ I could eat a horse. – Ich habe einen Bärenhunger.

⑧ a horse – ein Pferd

⑨ I didn't mean it. – Das habe ich nicht so gemeint.

It's not … – Es ist kein …

⑩ tofu – Tofu

what – was

⑪ a sandwich – ein belegtes Brot

⑫ a piece of toast – eine Scheibe Toast

⑬ some bacon and eggs – Speck und Eier

⑭ Toast is fine. – Toast ist gut.

How about … – Wie wär's mit …

⑮ tea – Tee

⑯ What kind of …? – Was für ein …?

⑰ Won't be a minute. – Kommt sofort!

⑱ Do sit down. – Setz dich doch.

I'm so hungry. – Ich habe solchen Hunger.

⑲ I'm here to help you. – Ich bin hier, um dir zu helfen.

19
10
9
2
I haven't eaten them.
14
16
17
13
7
About that big.
15
ICING SUGAR
21
22
Anything else!
20

Sachen verschwinden

1. missing – verschwunden
2. salad bowl – Salatschüssel
3. very – sehr
   nice – hübsch
4. How big is …? – Wie groß ist …?
5. it – es
6. Quite big. – Ziemlich groß.
7. About that big. – Ungefähr so groß.
8. What colour is …? – Welche Farbe hat …?
9. turquoise – türkis
   What else? – Was noch?
10. cocktail sticks – Partyspieße
11. What colour are …? – Welche Farbe haben …?
12. strange – seltsam
13. peas – Erbsen
14. I haven't eaten them. – Ich habe sie nicht aufgegessen!
15. pumpkin – Kürbis
16. sweets – Bonbons
17. writing paper – Schreibpapier
    that's – das ist
18. uncle – Onkel
19. skeleton – Skelett
20. Anything else? – Noch etwas?
21. icing sugar – Puderzucker
22. sugar – Zucker

18
19
20
3
4
5
Let's go up to the attic.
Why are all these things disappearing?
1
24
17
I would like to have one.
23
You're right …
2
I have no idea.
9
splish splash

Dem Spuk auf der Spur

1. Why are all these things disappearing? – Warum verschwinden alle diese Sachen?
2. I have no idea. – Ich habe keine Ahnung.
3. Let's … – Komm, wir …
4. go – gehen
5. up – hinauf
6. have a look – nachsehen

   we have to – wir müssen
7. Don't worry. – Hab keine Angst.
8. Listen! – Hör mal!
9. Splish! Splash! – Plitsch! Platsch!
10. hear – hören
11. that – das da
12. all day long – den ganzen Tag
13. Have you got …? – Hast du …?
14. a swimming pool – ein Schwimmbad
15. No, I haven't got … – Nein, ich habe keinen …
16. but – aber
17. I would like to have one. – Ich hätte gern einen.
18. a patch – ein Fleck
19. wet – nass
20. on the ceiling – an der Decke
21. something – irgendwas
22. a light – ein Licht
23. You're right. – Du hast Recht.
24. somebody – irgendjemand

Let's open the door.
27
Can you hear that?
26
You do have ...!
1
THE GHOST OLYMPICS
5
3
BONE-RATTLE DANCE
6
RIDING
12
13
14
BIG!
16
FOR
15
25
DOING HIS BONE-RATTLE DANCE
18
24
23
20
11
AT
17
I see.
21

Die Geschichte von Uncle Kellington

① You do have ...! – Du hast also doch ...!

② No, I don't. – Nein, habe ich nicht.

③ a book – ein Buch

④ It's so dirty. – Es ist so schmutzig.

⑤ the Ghost Olympics – die Geisterolympiade

his – sein

⑥ bone-rattle dance – Knochenklappertanz

⑦ athletics – Leichtatlethik

⑧ running – Laufen

⑨ high jump – Hochsprung

⑩ long jump – Weitsprung

⑪ boxing – Boxen

⑫ riding – Reiten

⑬ horse-back riding – Pferdereiten

⑭ dinosaur-back riding – Dinosaurierreiten

⑮ for – für

⑯ big – groß

⑰ badminton – Federball, Badminton

⑱ tennis – Tennis

⑲ baseball – Baseball

⑳ swimming – Schwimmen

㉑ I see. – Ah ja!

㉒ hockey – Hockey

㉓ sailing – Segeln

㉔ rowing – Rudern

㉕ doing his bone-rattle dance – wie er seinen Knochenklappertanz tanzt

㉖ Can you ...? – Kannst du ...?

㉗ open – öffnen

1 Who are you?
2 What is your name?
3 What's going on here?
4 He's practising.
8
9 I'm sorry.
10 What's that mess?
13 All that water ...
14 I've got it!
15 You've got what?
16 What about it?
17
18 The small ghosts are splashing into your salad bowl.
19
20
21

Im Trainingslager

① Who are you? – Wer bist du?

② What is your name? – Wie heißt du?

③ What's going on here? – Was ist denn hier los?

④ he's practising – er übt

⑤ thirty-eighth – achtunddreißigste

on – auf

⑥ Mount Block – Blocksberg

⑦ next month – im nächsten Monat

⑧ why – warum

not – nicht

⑨ I'm sorry. – Es tut mir Leid.

⑩ What's that mess? – Was ist das da für eine Schweinerei?

⑪ over there – da drüben

⑫ small – klein

⑬ all that water – das ganze Wasser

⑭ I've got it. – Ich hab's!

⑮ You've got what? – Was hast du?

⑯ What about it? – Was ist damit?

you've – du hast

⑰ because – weil

⑱ the small ghosts are splashing – die kleinen Geister platschen

⑲ into – hinein

⑳ terrible – fürchterlich

㉑ circle swimming – Kreisschwimmen

㉒ gets the gold medal – bekommt die Goldmedaille

What are those lights?
34
They are on their skates.
25
They are skating round and round.
26
POOR
32
29
They are practising in it.
24
They are jumping.
27
We are the champions ...
28
23
What are they doing with it.?

㉓ What are they doing with it? – Was machen sie denn damit?

㉔ They are practising in it. – Sie üben darin.

㉕ They are on their skates. – Sie laufen auf Inline-Skates.

㉖ They are skating round and round. – Sie fahren immer im Kreis herum.

㉗ They are jumping. – Sie springen.

㉘ We are the champions! – Wir sind die Sieger!

㉙ all – alle

㉚ on them – auf ihnen

㉛ they're riding – sie reiten

㉜ poor – arm

㉝ newt-back-riding – Molchreiten

㉞ What are those lights? – Was sind das für Lichter?

㉟ flying lights – fliegende Lichter

they – sie

㊱ glow-worms – Glühwürmchen

㊲ the ghost train – der Geisterzug

10
16
They are skiing.
20
5
They are playing tennis with my lollipops.
Yes, they are.
6
22
21

Des Rätsels Lösung

① athletes – Sportler

② long glow – Dauerglühen

③ the rackets – die Schläger

④ those – die da

So do I. – Ich auch!

⑤ They are playing … – Sie spielen …

⑥ Yes, they are. – Ja, das tun sie.

⑦ look at – sieh dir … an

⑧ the net – das Netz

⑨ tennis ball – Tennisball

⑩ basket-ball – Basketball

⑪ ball – Ball

⑫ You've got to see this. – Das musst du sehen!

⑬ an ice rink – eine Eisbahn

⑭ ice – Eis

⑮ then – dann

⑯ mountain – Berg

⑰ It looks like … – Es sieht aus wie …

⑱ snow – Schnee

⑲ paper – Papier

⑳ They're skiing. – Sie laufen Ski.

㉑ things – Dinge

㉒ golf – Golf

1
What is that?
It looks like a letter.
2
A flying letter!
Dear Huckla, Gerda and Helga.
3
INVITATION
4
Come to the 38th Ghost Olympics on Mount Block.
5
This is for me.
6
Are you going?
7
I'm going. Are you going, too?
Of course. And Gerda and Helga?
8
I have to ask them first.
9
Would you like to send them a hexmail?
10
No, Witchy, I would like to fly home now.
11
Thank you very much for your help.
12
13
We've done it!

Rückkehr nach Hause

1. a letter – ein Brief
2. flying – fliegend
3. invitation – Einladung
4. come – kommt
5. This is for me. – Das ist für mich.
6. Are you going? – Gehst du dahin?
7. I'm going. – Ich gehe da hin.
8. I have to ask them first. – Ich muss sie erst fragen.
9. send them a hexmail – ihnen eine Hexmail schicken
10. fly home – nach Hause fliegen
11. Thank you very much. – Vielen Dank.
12. for your help – für deine Hilfe
13. We've done it! – Wir haben's geschafft!
14. Come in. – Komm rein.
15. a cup of tea – eine Tasse Tee
16. peppermint tea – Pfefferminztee
17. No, thanks. – Nein, danke.
18. Yes, we have. – Ja, haben wir.

Register

In diesem Register findest du alle Wörter und Sätze, die in den Abenteuern vorkommen. Dahinter findest du die Übersetzung.

Englisch – Deutsch

A

about ungefähr
  About that big. Ungefähr so groß.
  What about it? Was ist damit?
all alle; der ganze, die ganze, das ganze
  all your newts alle deine Molche
  all day long den ganzen Tag lang
  all that water das ganze Wasser
all right in Ordnung
  That's all right. Gern geschehen.
and und
Anything else? Noch etwas?
apple juice Apfelsaft
  a glass of apple juice ein Glas Apfelsaft
are sind, bist
  There are noises in the attic. Auf dem Dachboden sind Geräusche.
  There are your feet. Da sind deine Füße.
  There are your hands. Da sind deine Hände.
  Where are you? Wo bist du?
  Who are you? Wer bist du?
Are you going? Gehst du dahin?
ask fragen
  I have to ask them first. Ich muss sie erst fragen.
athletes Sportler
athletics Leichtathletik
attic Dachboden
  in the attic auf dem Dachboden
  Let's go up to the attic. Komm, wir gehen auf den Boden.
  We have to go to the attic. Wir müssen auf den Dachboden gehen.

B

back zurück
  back home zurück nach Hause
  I'm back. Ich bin wieder da.
bacon Speck
  some bacon and eggs Speck und Eier
badminton Federball, Badminton
ball Ball
baseball Baseball
basket-ball Basketball
because weil
big groß
  About that big. Ungefähr so groß.
  How big is …? Wie groß ist …?
  Quite big. Ziemlich groß.
  really big ghosts wirklich große Geister
black schwarz
  a black monster ein schwarzes Monster
  black tea schwarzer Tee
blue blau
bone-rattle dance Knochenklappertanz
  doing his bone-rattle dance wie er seinen Knochenklappertanz tanzt

book Buch
boxing Boxen
brown braun
but aber
by night-broom mit dem Nachtbesen
Bye! Tschüs!

C

can können
  Can I have some … please? Kann ich bitte … haben?
  Can I have some red tea, please? Kann ich bitte roten Tee haben?
  Can I help you? Kann ich dir helfen?
  Can you …? Kannst du …?
  Can you hear me? Kannst du mich hören?
  Can you hear that? Kannst du das hören?
  I can ich kann
  I can hear that. Ich kann das hören.
  I can hear it all day long. Ich kann es den ganzen Tag lang hören.
  I can see your feet. Ich kann deine Füße sehen.
  I can't ich kann nicht
  I can't get out. Ich kann nicht raus.
  I can't get out of my hammock. Ich kann nicht aus meiner Hängematte raus.
  I can't see you. Ich kann dich nicht sehen.
  I could eat a horse. Ich habe einen Bärenhunger.
Careful! Vorsicht!
castle Burg, Schloss
cat Katze
ceiling Decke
  on the ceiling an der Decke
champions Sieger
  We are the champions! Wir sind die Sieger!
chewing gum Kaugummi
chimney Schornstein
  To the chimney! Zum Schornstein!
chips Pommes frites
  I would like some pink chips. Ich möchte gern rosa Pommes.
circle swimming Kreisschwimmen
cobweb Spinnennetz
cocktail sticks Partyspieße
cocoa Kakao
cold kalt
  cold milk kalte Milch
colour Farbe
  What colour are …? Welche Farbe haben …?
  What colour is …? Welche Farbe hat …?
come kommen; kommt
  Come in. Komm rein.
  Come on! Los!
  I'm coming. Ich komme.
cup Tasse
  a cup of tea eine Tasse Tee

D

day Tag
all day long den ganzen Tag lang
dear liebe
dinner Abendessen
for dinner zum Abendessen
What would you like for dinner? Was möchtest du zum Abendessen?
dinosaur Dinosaurier
dinosaur-back riding Dinosaurierreiten
dirty schmutzig
It's so dirty. Es ist so schmutzig.
You 're so dirty. Du bist so schmutzig!
Do sit down. Setz dich doch.
doing his bone-rattle dance wie er seinen Knochenklappertanz tanzt
Don't worry. Hab keine Angst.
door Tür
Let's open the door. Komm, wir machen die Tür auf.
drink Getränk
How about a hot drink now? Wie wär's denn jetzt mit etwas Warmem zu trinken?
Would you like a drink now? Möchtest du jetzt etwas zu trinken?

E

eat essen
I could eat a horse. Ich habe einen Bärenhunger.
I haven't eaten them. Ich habe sie nicht aufgegessen!
something to eat etwas zu essen
Would you like something to eat? Möchtest du etwas zu essen?
eggs Eier
some bacon and eggs Speck und Eier

F

feet Füße
fish Fisch
fish muffins Fischmuffins
fly home nach Hause fliegen
I would like to fly home now. Ich möchte jetzt gern nach Hause fliegen.
flying fliegend
flying lights fliegende Lichter
for für
for dinner zum Abendessen
for the Olympics für die Olympischen Spiele
for your help für deine Hilfe
This is for me. Das ist für mich.
This is for you. Das ist für dich.

G

get out rauskommen
I can't get out. Ich kann nicht raus.
I can't get out of my hammock. Ich kann nicht aus meiner Hängematte raus.
gets the gold medal bekommt die Goldmedaille
ghosts Geister
for small ghosts für kleine Geister
really big ghosts wirklich große Geister
Ghost Olympics Geisterolympiade
ghosts' … Geister…
ghosts' tennis Geistertennis
ghost train Geisterzug
glass of apple juice Glas Apfelsaft
glow-worms Glühwürmchen
go gehen
Are you going? Gehst du dahin?
I'm going. Ich gehe dahin.
Let's go. Komm, wir gehen.
Let's go up to the attic. Komm, wir gehen auf den Dachboden.
We have to go to the attic. Wir müssen auf den Dachboden gehen.
What's going on here? Was ist denn hier los?
gold medal Goldmedaille
gets the gold medal bekommt die Goldmedaille
golf Golf
They are playing golf. Sie spielen Golf.
Goodbye! Auf Wiedersehen!
Good morning. Guten Morgen!
Good to see you. Schön, dich zu sehen!
Great! Super!
That's great! Das ist super!
green grün
green tea grüner Tee

H

Halloween Halloween *(Fest)*
hammock Hängematte
I can't get out of my hammock. Ich kann nicht aus meiner Hängematte raus.
hands Hände
have, 've haben
Can I have some … please? Kann ich bitte … haben?
Can I have some red tea, please? Kann ich bitte roten Tee haben?
have a look nachsehen
Have we got red tea? Haben wir roten Tee?
Have you got …? Hast du …?
Have you got a swimming pool in the attic? Hast du ein Schwimmbad auf dem Dachboden?
I have no idea. Ich habe keine Ahnung.
I haven't eaten them. Ich habe sie nicht aufgegessen!
I've got a problem. Ich habe ich Problem.
I've got it. Ich hab's.
I would like to have one. Ich hätte gern einen.
Let's have a look. Komm, wir sehen nach.
Let's have some punch. Komm, wir trinken Punsch.
No, I haven't got … Nein, ich habe keinen …
We've done it! Wir haben's geschafft!
What have you got? Was hast du?
Yes, we have. Ja, haben wir.
You do have …! Du hast also doch …!
You have a new hexmail. Du hast eine neue Hexmail.
you've du hast
You've got what? Was hast du?

have to müssen
I have to ask them first. Ich muss sie erst fragen.
we have to wir müssen
We have to go to the attic. Wir müssen auf den Dachboden gehen.
You've got to see this. Das musst du sehen!
he's practising er übt
hear hören
Can you hear me? Kannst du mich hören?
Can you hear that? Kannst du das hören?
I can hear it all day long. Ich kann es den ganzen Tag lang hören.
I can hear that. Ich kann das hören.
Hello! Hallo!
help helfen, Hilfe
Can I help you? Kann ich dir helfen?
Help me. Hilf mir.
Help! Hilfe!
for your help für deine Hilfe
I'm here to help you. Ich bin hier, um dir zu helfen.
here hier
Here they are. Hier sind sie.
I'm here. Ich bin hier!
I'm here to help you. Ich bin hier, um dir zu helfen.
Whatvs going on here? Was ist denn hier los?
high jump Hochsprung
his sein
hockey Hockey
horse Pferd
I could eat a horse. Ich habe einen Bärenhunger.
It's not really a horse. Es ist nicht wirklich ein Pferd.
horse-back riding Pferdereiten
hot heiß
How about a hot drink now? Wie wär's denn jetzt mit etwas Warmem zu trinken?
hot milk heiße Milch
house Haus
in my house in meinem Haus
in your house in deinem Haus
There's a spook in my house. Bei mir zu Hause spukt's.
how wie
How about ... Wie wär's mit ...
How about a hot drink now? Wie wär's denn jetzt mit etwas Warmem zu trinken?
How big is ...? Wie groß ist ...?
hungry hungrig
I'm so hungry. Ich habe solchen Hunger.

I

I ich
Can I ...? Kann ich ...?
Can I have some red tea, please? Kann ich bitte roten Tee haben?
Can I help you? Kann ich dir helfen?
I can ich kann
I can hear it. Ich kann es hören.
I can see your feet. Ich kann deine Füße sehen.
I can't ich kann nicht
I can't see you. Ich kann dich nicht sehen.
I can't get out. Ich kann nicht raus.
I could eat a horse. Ich habe einen Bärenhunger.
I didn't mean it. Das habe ich nicht so gemeint.
I don't know. Ich weiß nicht.
I have no idea. Ich habe keine Ahnung.
I have to ask them first. Ich muss sie erst fragen.
I haven't eaten them. Ich habe sie nicht aufgegessen!
I haven't got a swimming pool. Ich habe kein Schwimmbad.
I know. Ich weiß.
I know those tennis rackets. Ich kenne diese Tennisschläger.
I see. Ah ja!
I've ich habe
I've got a problem. Ich habe ich Problem.
I've got it. Ich hab's!
I would like ... Ich möchte gern ...
I would like a piece of toast. Ich hätte gern ein Toast.
I would like to have one. Ich hätte gern einen.
I would like to see it. Ich möchte es gern sehen.
No, I don't. Nein, habe ich nicht.
Now I know. Jetzt weiß ich Bescheid.
So do I. Ich auch.
I'm ich bin
I'm back. Ich bin wieder da.
I'm coming Ich komme
I'm going. Ich gehe da hin.
I'm here. Ich bin hier.
I'm here to help you. Ich bin hier, um dir zu helfen.
I'm scared. Ich habe Angst.
I'm so hungry. Ich habe solchen Hunger.
I'm sorry. Es tut mir Leid.
I'm tired. Ich bin müde.
ice Eis
ice rink Eisbahn
icing sugar Puderzucker
idea Idee, Ahnung
I have no idea. Ich habe keine Ahnung.
in in; auf
in my house in meinem Haus
in the attic auf dem Dachboden
into hinein
invitation Einladung

is, 's ist
How big is ...? Wie groß ist ...?
... is here. ... ist hier.
... is missing. ... ist verschwunden.
... is wet. ... ist nass.
Is that you? Bist du das?
It's a very nice salad bowl. Es ist eine sehr hübsche Salatschüssel.
It's me. Ich bin's!
It's not ... Es ist kein ...
It's not really a horse. Es ist nicht wirklich ein Pferd.
It's so dirty. Es ist so schmutzig.
Toast is fine. Toast ist gut.
that is ... das ist ...
there is da ist
This is for me. Das ist für mich.
This is for you. Das ist für dich.
What colour is ...? Welche Farbe hat ...?
What is going on here? Was ist denn hier los?
What is it? Was ist das?
What is missing? Was ist verschwunden?
What is that over there? Was ist das da drüben?
What is your name? Wie heißt du?

it es
I can hear it. Ich kann es hören.
I didn't mean it. Das habe ich nicht so gemeint.
I would like to see it. Ich möchte es gern sehen.
It looks like … Es sieht aus wie …
It's … Das ist …, Es ist …
It's blue. Sie ist blau.
It's me. Ich bin's!
It's missing. Es ist verschwunden.
It's not … Es ist kein …
It's so dirty. Es ist so schmutzig.
I've got it. Ich hab's!
We've done it! Wir haben's geschafft!
What about it? Was ist damit?
What is it? Was ist das?

J/K
jump springen
They're jumping. Sie springen.
kind Art, Sorte
What kind of tea? Was für einen Tee?
know wissen
I don't know. Ich weiß nicht.
I know. Ich weiß.
Now you know. Jetzt weißt du Bescheid.
Now I know. Jetzt weiß ich Bescheid.
I know those tennis rackets. Ich kenne diese Tennisschläger.

L
Let me see. Lass mal sehen.
Let's … Komm, wir …
Let's go. Komm, wir gehen.
Let's go up to the attic. Komm, wir gehen auf den Dachboden.
Let's have a look. Komm, wir sehen mal nach.
Let's have some punch. Komm, wir trinken Punsch.
Let's open the door. Komm, wir machen die Tür auf.
letter Brief
It looks like a letter. Es sieht aus wie ein Brief.
light Licht
There's a light. Da brennt Licht.
What are those lights? Was sind das für Lichter?
like mögen
I would like … Ich möchte gern …
I would like a piece of toast. Ich möchte eine Scheibe Toast.
I would like some fish muffins. Ich möchte Fischmuffins.
I would like some pink chips. Ich möchte rosa Pommes.
I would like to fly home now. Ich möchte jetzt gern nach Hause fliegen.
I would like to have one. Ich hätte gern einen.
I would like to see it. Ich würde das gern sehen.
What would you like … Was möchtest du …
What would you like for dinner? Was möchtest du zum Abendessen?
What would you like with your tofu? Was möchtest du zu deinem Tofu?
Would you like …? Möchtest du …?
Would you like a cup of tea? Möchtest du eine Tasse Tee?
Would you like a drink now? Möchtest du jetzt etwas zu trinken?
Would you like some tea? Möchtest du Tee?
Would you like something to eat? Möchtest du etwas zu essen?
Would you like to send them a hexmail? Möchtest du ihnen eine Hexmail schicken?

like wie
It looks like … Es sieht aus wie …
It looks like a letter. Es sieht aus wie ein Brief.
It looks like snow. Es sieht aus wie Schnee.
Listen! Hör mal!
lollipops Lutscher
thirty-eight lollipops 38 Lutscher
long glow Dauerglühen
long jump Weitsprung
look aussehen, ansehen
Look! Guck mal!, Schau mal!
Look at … Schau dir … an
Look at the mountain. Schau dir mal den Berg an.
Look at the net. Schau dir mal das Netz an.
It looks like … Es sieht aus wie …
It looks like a letter. Es sieht aus wie ein Brief.
It looks like snow. Es sieht aus wie Schnee.
loud bump lautes Bumm

M
magic words Zauberspruch
mean meinen
I didn't mean it. Das habe ich nicht so gemeint.
mess Schweinerei
It's a terrible mess. Das ist eine Riesen-Schweinerei.
What a mess. Was für eine Schweinerei!
What's that mess? Was ist das da für eine Schweinerei?
milk Milch
cold milk kalte Milch
hot milk heiße Milch
mineral water Mineralwasser
missing verschwunden
… is missing. … ist verschwungen
What is missing? Was ist verschwunden?
monster Monster
a black monster ein schwarzes Monster
month Monat
next month im nächsten Monat
morning morgen
See you in the morning. Bis morgen früh.
Mount Block Blocksberg
mountain Berg
my mein, meine

N

name Name
What is your name? Wie heißt du?
net Netz
newts Molche
all your newts alle deine Molche
my poor newts meine armen Molche
newt-back-riding Molchreiten
next nächster
next month im nächsten Monat
nice hübsch
night-broom Nachtbesen
by night-broom mit dem Nachtbesen
No. Nein.
No, I don't. Nein, habe ich nicht.
No, I haven't got … Nein, ich habe keinen …
No, thanks. Nein, danke.
No, thank you. Nein, danke.
no keiner
I have no idea. Ich habe keine Ahnung.
noise Geräusch
there are noises es gibt Geräusche
What's that noise? Was ist das für ein Lärm?
not nicht
It's not … Es ist kein …
It's not really … Es ist nicht wirklich …
That's not a … Das ist kein …
why not warum nicht
now jetzt
I would like to fly home now. Ich möchte jetzt gern nach Hause fliegen.
Now I know. Jetzt weiß ich Bescheid.
Now you know. Jetzt weißt du Bescheid.
Would you like a drink now? Möchtest du jetzt etwas zu trinken?

O

of course natürlich
Yes, of course. Ja, natürlich.
on auf
on Mount Block auf dem Blocksberg
on the ceiling an der Decke
on them auf ihnen
open öffnen
Let's open the door. Komm, wir machen die Tür auf.
or oder
orange orange
over there da drüben
What is that over there? Was ist das da drüben?

P

paper Papier
Pardon? Wie bitte?
patch Fleck
peas Erbsen
peppermint tea Pfefferminztee
piece of toast Scheibe Toast
I would like a piece of toast. Ich möchte eine Scheibe Toast.
pink rosa
I would like some pink chips. Ich möchte gern rosa Pommes.
play spielen
They are playing … Sie spielen …
please bitte
poor arm
practise üben
he's practising er übt
They are practising in it. Sie üben darin.
problem Problem
I've got a problem. Ich habe ich Problem.
pumpkin Kürbis
punch Punsch
Let's have some punch. Komm, wir trinken Punsch.

Q/R

quite ziemlich
Quite big. Ziemlich groß.
rackets Schläger
I know those tennis rackets. Ich kenne diese Tennisschläger.
really wirklich
I really would like some fish muffins. Ich möchte wirklich Fischmuffins.
It's not really a ball. Es ist nicht wirklich ein Ball.
It's not really a horse. Es ist nicht wirklich ein Pferd.
really big ghosts wirklich große Geister
red rot
red tea roter Tee
ride reiten
They're riding. Sie reiten.
riding Reiten
roller blades Inline-Skates
They are on their roller blades. Sie laufen auf Inline-Skates.
rowing Rudern
running Laufen

S

's -> *is*
sailing Segeln
salad bowl Salatschüssel
sandwich belegtes Brot
see sehen
Good to see you. Schön, dich zu sehen!
I can see your feet. Ich kann deine Füße sehen.
I can't see you. Ich kann dich nicht sehen.
I see. Ah ja!
I would like to see it. Ich würde das gern sehen.
Let me see. Lass mal sehen.
See you. Bis bald.
See you in the morning. Bis morgen früh.
See you on Mount Block. Bis bald auf dem Blocksberg.
You've got to see this. Das musst du sehen!
send schicken
Would you like to send them a hexmail? Möchtest du ihnen eine Hexmail schicken?
skate skaten
They are skating round and round. Sie fahren immer im Kreis herum.
skeleton Skelett
ski Ski laufen
They're skiing. Sie laufen Ski.
small klein
small ghosts kleine Geister
The small ghosts are splashing into your salad bowl. Die kleinen Geister platschen in deine Salatschüssel.
snow Schnee
It looks like snow. Es sieht aus wie Schnee.
so also
So that was the loud bump? Das war also das laute Bumm?
So what would you like with your tofu? Also, was möchtest du zu deinem Tofu?

so so
I'm so hungry. Ich habe solchen Hunger.
You 're so dirty. Du bist so schmutzig!
So do I. Ich auch!
some ein paar
I would like some fish muffins. Ich möchte Fischmuffins.
I would like some pink chips. Ich möchte rosa Pommes.
Some cocoa? Kakao?
Some bacon and eggs? Speck und Eier?
Would you like some tea? Möchtest du Tee?
somebody irgendjemand
There's somebody there. Da ist irgendjemand.
something irgendetwas
Something in the attic is wet. Irgendetwas ist nass auf dem Dachboden.
something to eat etwas zu essen
Would you like something to eat? Möchtest du etwas zu essen?
Splish! Splash! Plitsch! Platsch!
spook Spuk
There's a spook in my house. Bei mir zu Hause spukt's.
strange seltsam
straws Strohhalme
sugar Zucker
brown sugar brauner Zucker
icing sugar Puderzucker
white sugar weißer Zucker
sweets Bonbons
swimming Schwimmen
swimming pool Schwimmbad
Have you got a swimming pool in the attic? Hast du ein Schwimmbad auf dem Dachboden?

T

tea Tee
a cup of tea eine Tasse Tee
black tea schwarzer Tee
Can I have some red tea, please? Kann ich bitte roten Tee haben?
green tea grüner Tee
peppermint tea Pfefferminztee
red tea roter Tee
What kind of tea? Was für einen Tee?
Would you like a cup of tea? Möchtest du eine Tasse Tee?
Would you like some tea? Möchtest du Tee?
tennis Tennis
tennis ball Tennisball
tennis rackets Tennisschläger
terrible fürchterlich
It's a terrible mess. Das ist eine Riesen-Schweinerei.
Thank you. Danke schön.
Thank you very much. Vielen Dank.
that das da
About that big. Ungefähr so groß.
all that water das ganze Wasser
Can you hear that? Kannst du das hören?
I can hear that. Ich kann das hören.
Is that you? Bist du das?
That's Das ist …
That's not … Das ist kein …
That's all right. Gern geschehen.
That was … Das war …
What's that? Was ist das?
What's that mess? Was ist das da für eine Schweinerei?
What's that noise? Was ist das für ein Lärm?
then dann
there da
over there da drüben
there are da sind
There are noises in the attic. Auf dem Dachboden sind Geräusche.
There are your feet. Da sind deine Füße.
There are your hands. Da sind deine Hände.
there is, there's da ist, es gibt
There's a light. Da brennt Licht.
There's a spook in my house. Bei mir zu Hause spukt's.
There's somebody there. Da ist irgendjemand.
There's your broomstick. Da ist dein Besen.
There you are. Bitte sehr!
Who's there? Wer ist da?
these diese
Why are all these things disappearing? Warum verschwinden alle diese Sachen?
they sie
Here they are. Hier sind sie.
They are athletes, too. Sie sind auch Sportler.
They are on their skates. Sie laufen auf Inline-Skates.
They are playing … Sie spielen …
They are practising in it. Sie üben darin.
They are skating round and round. Sie fahren immer im Kreis herum.
They're jumping. Sie springen.
They're riding on them. Sie reiten auf ihnen.
They're skiing. Sie laufen Ski.
What are they doing? Was tun sie denn da?
What are they doing with it? Was machen sie denn damit?
things Dinge
Things are disappearing. Sachen verschwinden.
Why are all these things disappearing? Warum verschwinden alle diese Sachen?
thirty-eight lollipops 38 Lutscher
thirty-eighth achtunddreißigste
this das
This is for me. Das ist für mich.
This is for you. Das ist für dich.
You've got to see this. Das musst du sehen!
those die da
What are those lights? Was sind das für Lichter?
tired müde
I'm tired. Ich bin müde.
to zu
To the chimney! Zum Schornstein!
to the Ghost Olympics zur Geisterolympiade
toast Toast
I would like a piece of toast. Ich möchte eine Scheibe Toast.
piece of toast Scheibe Toast
Toast is fine. Toast ist gut.
tofu Tofu
too auch
Are you going, too? Gehst du auch hin?
I'm scared, too. Ich habe auch Angst.
turquoise türkis

U/V
uncle Onkel
up hinauf
Let's go up to the attic. Komm, wir gehen auf den Dachboden.
very sehr
Thank you very much. Vielen Dank.
very big sehr groß
very nice sehr hübsch
very strange sehr seltsam

W
water Wasser
all that water das ganze Wasser
we wir
Have we got red tea? Haben wir roten Tee?
We are the champions! Wir sind die Sieger!
we have to wir müssen
We've done it! Wir haben's geschafft!
wet nass
what was
What about it? Was ist damit?
What a mess. Was für eine Schweinerei!
What are they doing? Was tun sie denn da?
What are they doing with it? Was machen sie denn damit?
What are those lights? Was sind das für Lichter?
What colour are ...? Welche Farbe haben ...?
What colour is ...? Welche Farbe hat ...?
What else? Was noch?
What have you got? Was hast du?
What is it? Was ist das?
What is missing? Was ist verschwunden?
What is your name? Wie heißt du?
What kind of ...? Was für ein ...?
What's going on here? Was ist denn hier los?
What's that? Was ist das?
What's that mess? Was ist das da für eine Schweinerei?
What's that noise? Was ist das für ein Lärm?
What would you like ... Was möchtest du ...
What would you like for dinner? Was möchtest du zum Abendessen?
What would you like with your tofu? Was möchtest du zu deinem Tofu?
You've got what? Was hast du?
where wo
Where are you? Wo bist du?
white weiß
who wer
Who are you? Wer bist du?
Who's there? Wer ist da?
why warum
Why are all these things disappearing? Warum verschwinden alle diese Sachen?
with mit
What are they doing with it? Was machen sie denn damit?
What would you like with your tofu? Was möchtest du zu deinem Tofu?
Won't be a minute. Kommt sofort!
Would you like ...? Möchtest du ...?
writing paper Schreibpapier

Y
yellow gelb
Yes. Ja.
Yes, of course. Ja, natürlich.
Yes, please. Ja, gerne.
Yes, they are. Ja, das tun sie.
Yes, we have. Ja, haben wir.
you du
Are you going? Gehst du dahin?
Can I help you? Kann ich dir helfen?
Can you ...? Kannst du ...?
Good to see you. Schön, dich zu sehen!
Have you got ...? Hast du ...?
I can't see you. Ich kann dich nicht sehen.
I'm here to help you. Ich bin hier, um dir zu helfen.
Is that you? Bist du das?
I would like to fly home now. Ich möchte jetzt gern nach Hause fliegen.
Now you know. Jetzt weißt du Bescheid.
See you. Bis bald.
See you in the morning. Bis morgen früh.
See you on Mount Block. Bis bald auf dem Blocksberg.
There you are. Bitte sehr!
This is for you. Das ist für dich.
What have you got? Was hast du?
What would you like ... Was möchtest du ...
What would you like for dinner? Was möchtest du zum Abendessen?
Where are you? Wo bist du?
Who are you? Wer bist du?
Would you like ...? Möchtest du ...?
Would you like a cup of tea? Möchtest du eine Tasse Tee?
Would you like a drink now? Möchtest du jetzt etwas zu trinken?
Would you like some tea? Möchtest du Tee?
Would you like something to eat? Möchtest du etwas zu essen?
Would you like to send them a hexmail? Möchtest du ihnen eine Hexmail schicken?
You do have ...! Du hast also doch ...!
You have a new hexmail. Du hast eine neue Hexmail.
You're right. Du hast Recht.
You're so dirty. Du bist so schmutzig!
you've du hast
You've got to see this. Das musst du sehen!
You've got what? Was hast du?
Yummie! Lecker!
your dein, deine
for your help für deine Hilfe
I can see your feet. Ich kann deine Füße sehen.
in your house in deinem Haus
There are your feet. Da sind deine Füße.
There are your hands. Da sind deine Hände.
There's your broomstick. Da ist dein Besen.
What is your name? Wie heißt du?

Tonaufnahmen: Eimsbütteler Tonstudio, Hamburg
Huckla: Martina Chignell-Stapleton
Witchy: Diandra Ingram
Erzähler: Wolfgang Kaven
und außerdem: Jasmin Houchee, Olivia Kähne, Alexander Kapp

Hexensong

Huckla, das zauberhafte Wesen
fliegt nach England auf dem Besen.
Witchy hat Angst und um Hilfe gefleht:
there's a spook im Haus, in dem sie lebt.

Lollipops and newts sind weg
und auch das Kellington Skelett.
Sugar verschwindet vor ihren Augen -
das kann nicht mal 'ne Hexe glauben.

A spook in Witchys Hexenhaus,
all die Geräusche - ach du Graus.
Was sind das nur für seltsame Sachen,
die die Geister heimlich machen.

Jetzt sieht alles danach aus:
Das Häuschen wird zum Irrenhaus.
In the attic plätschert es und bebt,
there's a light, obwohl dort keiner lebt.

Wagemutig dem Spuk auf der Spur,
let's have a look - was soll das nur?
Geister, die superfleißig trainieren,
for the Ghost Olympics auch mit Tieren.

A spook in Witchys Hexenhaus,
all die Geräusche - ach du Graus.
Was sind das nur für seltsame Sachen,
die die Geister heimlich machen.

Geisterathleten von groß bis klein
fahren mit dem ghost train ein,
und klar wird mit dem Geisterzug:
Ghost Olympics, but not a spook

Playing tennis wie noch nie -
the tennis ball is a green pea,
Slalom with Witchys party sticks,
die Geister sind schon ganz schön fix.

A spook in Witchys Hexenhaus,
all die Geräusche - ach du Graus.
Was sind das nur für seltsame Sachen,
die die Geister heimlich machen.

Gesang: Thomas Ludwig
Komposition und Arrangement: Fabian Küttner
Voicing: Fabian Küttner, Thomas Ludwig
Text: Anja Küttner

Und hier findet ihr sofort das Abenteuer, das ihr hören wollt:

CD

1 Eine Hexmail für Huckla
2 1. Abenteuer: Unsanfte Landung
3 2. Abenteuer: Unheimliche Geräusche
4 3. Abenteuer: Sachen verschwinden
5 4. Abenteuer: Dem Spuk auf der Spur
6 5. Abenteuer: Die Geschichte von Uncle Kellington
7 6. Abenteuer: Im Trainingslager
8 7. Abenteuer: Des Rätsels Lösung
9 Rückkehr nach Hause
10 Hexensong

In Sprachen ganz groß rauskommen –

mit Kinderbüchern von Langenscheidt.

Englisch mit Ritter Rost
Der beliebte Kinderbuch-Held jetzt als Englischlehrer.
Buch (48 S.) plus Audio-CD mit 8 tollen Songs
ISBN 3-468-20369-1 · Für Kinder im Grundschulalter

Englisch – keine Hexerei
Zwei kleine Hexen erleben den tollen Hexenalltag in England. Rund 400 englische Wörter lernen Kinder schon beim Zuhören.
Buch (48 S.) plus Hörspiel auf 2 Audio-CDs
ISBN 3-468-20376-4 · Für Vor- und Grundschulalter

Spuk im Hexenhaus
Huckla und Witchy, die Hexen aus „Englisch – keine Hexerei" erleben neue Abenteuer.
Buch (32 S.) plus Hörspiel auf Audio-CD
ISBN 3-468-20372-1 · Für Kinder im Grundschulalter

Französisch – keine Hexerei
Hucklas spannende Abenteuer jetzt auch auf Französisch.
Buch (48 S.) plus Hörspiel auf 2 Audio-CDs
ISBN 3-468-20366-7 · Für Vor- und Grundschulalter

Englisch tierisch leicht: Zebra Toast on Monday
Sarah verwandelt sich jeden Tag in ein anderes Tier – und Kinder lernen dabei „tierisch" leicht Englisch.
Buch (48 S.) plus Audio-CD und Bastelbogen
ISBN 3-468-20378-0 · Für Kinder im Grundschulalter

Weitere Titel aus dem Langenscheidt Kinder-Programm (ohne Abb.):

Play English! 1
(Spiele für 9- bis 11-Jährige)
ISBN 3-580-63538-7 · Buch (99 S.)

Play English! 2
(Spiele für 10- bis 12-Jährige)
ISBN 3-580-63539-5 · Buch (99 S.)

Für Kinder im Vorschulalter:

Mein erster Langenscheidt Englisch
ISBN 3-468-20390-X · Bilderbuch (64 S.)

Mein erster Langenscheidt Französisch
ISBN 3-468-20392-6 · Bilderbuch (64 S.)

Englisch kinderleicht
ISBN 3-468-20380-2 · Bilderbuch (41 S.)

Langenscheidt

www.langenscheidt.de

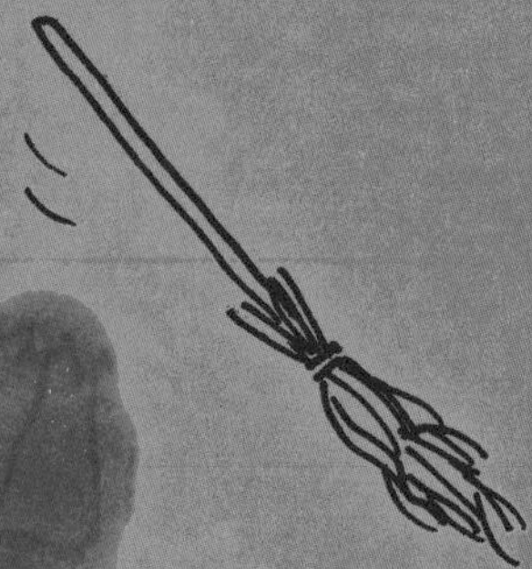

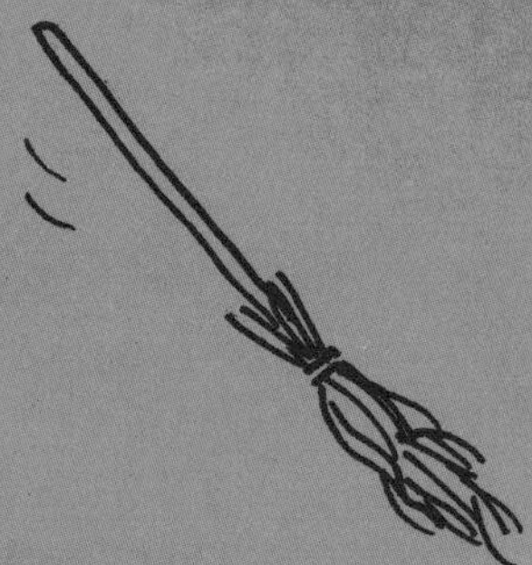